AUX

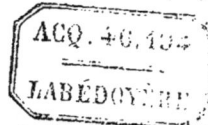

PAIRS DE FRANCE

ET

AUX DÉPUTÉS

DES DÉPARTEMENS.

AVIS.

La Lettre et l'Apostille suivantes sont les deux dernières d'une Brochure de quatre feuilles ou 64 pages in-8°., qui fait le supplément ou complément d'un Livre de 20 feuilles ou 320 pages in-8°., avec lequel cet Opuscule aurait été soumis à l'examen des Chambres de la session de 1816, sans des retards qu'il ne faut reprocher ni à l'Auteur ni à l'Imprimeur.

Nous donnons en note (1) le titre de cette Brochure et de ce Volume, dont quelques Libraires vendront séparément les exemplaires que l'Auteur n'aura point donnés, sauf aux acheteurs à les faire relier ensemble. Le prix du supplément ou des éclaircissemens est d'un franc, et celui du premier Ouvrage ou des Vues d'un Français, est de quatre francs.

---

(1) ÉCLAIRCISSEMENS, CORRECTIONS ET TABLE du Livre annoncé le 21 octobre 1816 dans le Journal de la Librairie, et intitulé : VUES D'UN FRANÇAIS SUR LES PREUVES DE NOBLESSE, et, par occasion, sur divers objets religieux, politiques, moraux, civils et militaires; tels que le clergé, les deux Chambres, la force armée, quelques livres, variétés, etc.; avec deux épigraphes tirées de l'Ecriture-Sainte, selon le latin de la Vulgate.

A Paris, chez Adrien LECLERE, libraire, quai des Augustins, n°. 35; PETIT, libraire de Monseigneur le duc d'Angoulême, au Palais-Royal, et les Marchands de Nouveautés.

A Rouen, chez FRERE et RENAULT, libraires.

Au Havre, chez CHAPELLE et les demoiselles PATRI, 1816 pour le Livre, 1817 pour l'Addition.

AUX PAIRS DE FRANCE

ET

AUX DÉPUTÉS DES DÉPARTEMENS.

MESSEIGNEURS ET MESSIEURS,

L'EUROPE entière et toutes les parties civilisées du Monde connu reconnaissaient, dès avant notre miraculeuse restauration, que ni l'élite ni la masse de la nation française n'étaient pas assurément plus coupables des horribles crimes d'une révolution qu'on ne saurait trop accuser et qu'il est impossible de calomnier, que ne l'ont été la plupart des peuples anciens et modernes, chez qui le relâchement des principes et des mœurs, l'imprévoyance, la témérité, la faiblesse ou l'incapacité des ministres, l'audace ou l'intrigue de quelques scélérats puissans, ont fait éclater de pareilles tempêtes.

C'est donc avec une juste et respectueuse confiance que j'ose offrir et soumettre aux illustres et dignes Représentans de toutes les portions d'un peuple généreux, auprès du trône paternel d'un monarque chéri, les Vues que m'a suggérées, sans aucun mélange de présomption ni d'ambition, le même zèle ardent et pur de bien public qui m'a fait donner quelques preuves de ce dévouement au royalisme = patriotique si naturel à la noblesse française, et dont j'avais pour témoins au camp du Havre, en 1759, M. le duc, depuis maréchal d'Harcourt; et à Brest, en 1778, ce vénérable comte d'Orvilliers, chez qui, selon la belle expression de M. le vicomte du Bouchage, l'honneur ne vieillissait pas. Cet honneur, éclairé, guidé, perfectionné par la justice et la piété chrétiennes, nous lie par des nœuds aussi doux qu'indissolubles au Prince et à la patrie, qui ne font qu'un; sa flamme plus pure et plus sacrée que celle de Vesta, doit brûler et briller dans l'âme de tout bon français, de même (autant que la comparaison peut se permettre) que le feu céleste allumé dans le cœur des disciples d'Emmaüs par l'apparition de leur divin maître.

Elevés comme vous l'êtes, Messeigneurs et Messieurs, au-dessus des passions et des préventions, vous ne confondrez pas des réclamations équitables et modérées avec de vaines prétentions. Pendant que le Roi des Pays-Bas et presque tous les Monarques de l'Europe font dresser des catalogues réguliers de la noblesse de leurs Etats, vous ne rejeterez pas indistinctement toutes mes vues pour la consolidation de la classe dans laquelle m'a placé la Providence, et qui compte à sa tête les Princes du sang royal, les Pairs, les Maréchaux et le Chancelier de France, et quelques Députés des départemens, entre lesquels il suffira de citer un général-prince de Montmorenci, Grand d'Espagne. Vous cicatriserez du mieux possible les larges et profondes plaies, encore saignantes, que les prétendues représentations nationales ont faites à l'ordre religieux et social pendant les sombres jours de l'illégitimité. Votre indulgence accueillera mes intentions et ma loyauté. Vos lumières suppléeront mon défaut de connaissances et de talens, et l'évidente bonté de ma cause empêchera d'échouer auprès de vous le plaidoyer que de mon propre mouvement, fortifié par les instances et les représentations de beaucoup de bons Français, je me suis avisé de faire, dans l'intérêt de toutes les branches de la grande famille de l'État, pour les deux (Noblesse et Clergé) qui sont encore le plus en butte à l'oppression et à la calomnie. Une juste défiance de mes forces insuffisantes m'aurait empêché de mettre cet Opuscule au jour, si les plus capables de traiter les importantes matières qu'il renferme, n'en avaient été détournés par d'autres objets qu'ils ont cru plus urgens ; si la foule de diatribes anti-ecclésiastiques, anti-nobles, anti-monarchiques dont le public est inondé, ne me faisaient sentir que l'approche du péril est le moment du combat, et si je n'étais encore déterminé par le souvenir du funeste résultat des temporisations outrées du printemps de 1789 à l'été de 1792.

Votre sagesse et votre patriotisme, Messeigneurs et Messieurs, rectifieront des plans que je suis prêt à modifier selon les plus grandes convenances, et sous la sauve-garde de vos conseils et de votre bienveillance. Daignent les Commissions par lesquelles je vous supplie de le faire examiner, le juger digne d'un rapport qu'on puisse d'abord discuter aux

Chambres, puis présenter au Roi! Ce ne sera
pas, je crois, un temps perdu que celui qu'il
vous plaira de consacrer à l'examen des ri-
chesses morales par lesquelles il me semble
qu'on peut adoucir la détresse pécuniaire que
les injustices et les extravagances révolutionnaires ont attirée sur notre patrie. L'excessive
suprématie de l'argent, cause de la soif inex-
tinguible de l'or, y a tellement délustré les
rangs et les emplois, qu'on a vu des avoués
refuser des places de juges, et de braves
et anciens officiers-supérieurs de ligne perdre
la considération des grades que le patriotisme
leur avait fait accepter dans la Garde Nationale, lorsque le Gouvernement ne les y
occupait que dans la partie non soldée.

_ La juste crainte d'abuser de vos précieux
momens me fait ajourner l'exposition d'un
autre projet tendant au rétablissement salu-
taire des Juges spéciaux du point d'honneur,
sous la direction des Maréchaux de France et
du Chancelier, premier grand-officier de la
couronne depuis l'extinction de la charge de
Connétable, comme celui-ci l'était devenu
par la suppression de celle de Grand - Sé-
néchal. Au surplus, il ne m'appartient pas
de fixer les rangs, et jusqu'à ce qu'il plaise
au Roi de régler toutes les prérogatives par
une ordonnance interprétative de l'art. 71
de la Charte, je ne crois pas que personne me
fasse un crime d'en avoir parlé d'après les plus
nombreux et les plus accrédités des juriscon-
sultes, des publicistes et des historiens. J'ob-
serve seulement que pour la simple conces-

sion ou confirmation des titres de marquis, comte, vicomte et baron, il paraîtrait injuste d'assujétir un gentilhomme de trois à six cents ans, aux mêmes taxes que les hommes nouveaux, enrichis par la révolution qui l'aurait ruiné, surtout si ce gentilhomme et ses pères ont bien servi l'Etat; s'il a été honoré d'un de ces titres dans quelques lettres ou brevets du Roi, et si quelque branche collatérale de sa famille les a portés en vertu de lettres - patentes. Des vérités si notoires ne doivent blesser personne.

Mes fautes et mes défauts ne m'ont jamais empêché d'adorer la vertu. Tout en rougissant et convenant de trop d'erreurs et de fragilités, je ne me souviens, depuis l'âge de raison, d'aucun moment, d'aucun cas où je n'aie mis le mérite avant tout; mais j'ai reconnu de bonne heure que ni moi ni grand nombre de mes semblables n'avons ni le droit ni le don de juger avec exactitude, d'apprécier avec précision les qualités personnelles et les sentimens intérieurs de tous les hommes avec qui nous pouvons avoir des rencontres et des rapports d'égalité, d'infériorité, de supériorité, d'état, de goût, d'affaires ou de circonstances. Il me semble qu'aux yeux d'un sage, dans quelque position que la Providence l'ait placé, le rang, la place, la naissance, le pouvoir et la réputation sont autant d'échelles pour graduer la considération extérieure exigée pour l'intérêt, l'ordre et le maintien de la société. Mais ce mérite intrinsèque, seul digne de notre respect intérieur et dont la bonté divine favorise quelques élus dans toutes les classes

et toutes les conditions; ce vrai mérite, juste et sublime objet de nos vœux, de nos efforts et de nos hommages, ne consiste pas seulement dans certaines qualités brillantes qui n'en font de belles parties que par leur direction vers le bien de la patrie ou de la société générale, telle que la science, le talent et la bravoure; l'humanité, la justice et la modestie forment le plus noble cortége, le plus magnifique apanage, les plus essentiels attributs, le plus beau relief, la plus évidente preuve ou garantie de ce rare et véritable mérite dont il est toujours heureux de posséder quelques portions. La réunion des avantages qui le distinguent et le constituent, surtout quand elle est couronnée par les lumières, la pratique et l'onction d'une piété chrétienne, nous donne l'idée ravissante et le modèle admirable de l'homme le plus accompli, du plus digne imitateur et serviteur de l'adorable Maître dont l'exemple et les leçons nous ont appris le meilleur emploi d'une vie périssable, qui doit servir de préparation, d'épreuve et d'acheminement pour l'éternelle félicité.

Il n'est, Messeigneurs et Messieurs, aucun de vous qui ne sente l'inestimable prix de ces avantages recommandés dans tous les bons livres, dans toutes les bonnes éducations, et très-indépendans de la naissance, de la fortune et de la faveur. Ils sont le meilleur contrepoids et le meilleur frein des erreurs qui furent le germe de notre lamentable et détestable révolution, des erreurs qui firent dégénérer la dignité de quelques puissans en manières hautaines et insultantes, et le courage ou l'é-

mulation de quelques faibles en passions en-
vieuses, insolentes et furieuses.

L'assemblage de tant de considérations frap-
pantes me détermine à réclamer l'indulgence,
la sagesse et l'impartialité des deux Chambres
formant la représentation nationale, pour ob-
tenir quelque résultat utile à ce qu'elles trou-
veront de plus passable et de plus usuel dans
les diverses espèces d'antidotes que mon livre
présente contre les poisons divers abondam-
ment répandus par des hommes plus égarés
que pervers, à qui je ne cesse de parler avec
la candeur et la courtoisie françaises, en même
temps qu'avec la franchise et la charité chrétiennes, tout en déplorant leurs sophismes et
leurs systêmes. Ils tendraient à persuader que la
France ne courra point le risque de retomber
dans les affreuses alternatives de factions, de
despostisme et d'anarchie en se contentant
d'une monarchie sans noblesse, et que la ca-
tholicité n'aura plus à craindre les alternatives
de barbarie, d'ignorance et d'irréligion en
croyant que l'église gallicane refleurira sans
clergé formant corps, et sans la moindre res-
titution de la partie non vendue de ses pro-
priétés, si scandaleusement envahies. En ré-
clamant l'assurance légitime et raisonnable
de quelques légères prérogatives utiles à la
conservation de tous les droits, nul ancien
noble ne cessera de chérir et de respecter chez
ses nouveaux confrères le juste prix des services, actions, talens, qualités ou travaux
distingués, propres à soutenir l'éclat et l'utilité du corps où ces honorables motifs les au-
ront fait admettre. Cette seule considération

me paraît justifier mon livre, ma démarche et mon but. Le langage ingénu d'un vétéran de la littérature et de la chevalerie française devant l'auguste représentation nationale, prouvera, j'espère, combien je suis avec un profond respect,

MESSEIGNEURS ET MESSIEURS,

Votre très-humble et très-obéissant serviteur,

Le Vte. DE TOUSTAIN,

Volontaire d'infanterie, Page de la grande écurie, Sous-Lieutenant, Sous-Aide-Major et Capitaine de cavalerie, puis Capitaine de carabiniers sous Louis XV, Major de cavalerie, Chevalier de Saint-Louis, Lieutenant-Colonel ; Volontaire et Otage sous Louis XVI ; incarcéré et spolié sous les oppresseurs de la France et de Louis XVII, Colonel de légion nationale, décoré du Lys., et Volontaire royal sous Louis XVIII.

1er. Mars 1817.

DERNIER MOT.

DES maladies, des affaires, des courses de l'auteur et de l'imprimeur, séparés par une distance de plus de vingt lieues, et le temps nécessaire à l'envoi et au retour des épreuves, pourront faire que le tirage de cette dernière feuille et la mise en ordre de cette brochure ne soient terminés qu'après la clôture de la présente session. A ce sujet, j'ai communiqué mes craintes à plusieurs pairs et députés, qui veulent bien reconnaître l'utilité dont serait susceptible le travail que j'ose livrer au public. La plupart ont approuvé mon dessein de le faire passer au Roi, aux Princes et aux ministres, si les Chambres, par qui j'espérais le faire discuter et rectifier, ne sont plus rassemblées au moment où cette présente addition sera présentable. Sous le règne de Louis XVIII, comme Tacite le disait de celui de Trajan, tout honnête homme pense librement, et peut écrire ou dire ce qu'il pense. Je ne connais et n'épouse d'autre parti que celui qui me paraît celui de la justice et de la patrie, et je ne crois pas qu'aucun homme en place, non plus qu'aucun particulier, ait à se plaindre de moi. Néanmoins, avec toute ma bonne volonté pour tous les hommes de toutes les classes, je suis très-éloigné de l'illusion de croire plaire à tout le monde. Mais sans prendre un ton mystique, peu compatible avec ma bouche et ma plume trop profanes, j'avoue naïvement que dans toutes mes compositions, spéculations, entreprises, actions et fonctions, j'ai principalement recours au Père tout miséricordieux et tout-puissant, devant qui ceux de mes frères dont je plaide aujourd'hui la cause, doivent montrer à tous nos autres frères l'exemple des vertus que sa bonté nous enseigne et nous commande. Ce Dieu de clémence, auteur et distributeur de toute sagesse et de toute vérité, méprise les tièdes, les égoïstes et les railleurs; il résiste aux superbes, se découvre aux humbles et soutient les faibles quand ils sont laborieux, modestes et bien intentionnés : il pourra m'attirer quelque bienveillance des personnes qui me liront avec cet amour de la patrie et de l'humanité qui m'a fait écrire. Peut-être encore daignera-t-il exempter de graves erreurs les recherches, remarques et méditations auxquelles je me suis livré sur le bord de la tombe comme dans la vigueur de l'âge, pour tâcher de n'être pas tout-à-fait inutile à nos contemporains et à nos neveux. Une ordonnance royale ne suffirait-elle pas, sans le concours des Chambres, pour l'explication que je sollicite à quelques articles de la Charte, dans l'intérêt de la Monarchie *française* et *très-chrétienne ?* DOMINE SALVUM FAC REGEM, *et fiat voluntas tua.*

12 mars 1817.

CHARLES-GASPARD DE TOUSTAIN-RICHEBOURG.

~~~~~~

NOTE qui n'est ni dans le volume des VUES D'UN FRANÇAIS, ni dans l'Addition, d'où l'on a détaché (à petit nombre d'exemplaires) le présent extrait, qui ne se vendra point, et que l'Auteur a recommandé, le 28 mars, à son imprimeur, en apprenant la clôture des Chambres faite le 26.

———

L'APPLICATION d'autre part ou la citation bien juste d'un trait exemplaire de Trajan, rappelle que Pline le jeune, dans son panégyrique de ce magnanime empereur, loue beaucoup les honneurs et les secours accordés à la bravoure et à la fidélité malheureuses, et le replacement de la noblesse (long-temps opprimée) dans les emplois, distinctions et prérogatives qui convenaient le plus à l'ordre général et à sa disponibilité particulière, ainsi qu'aux services et à la mémoire de ses ancêtres, comme à l'émulation et à l'utilité de tous les citoyens.

Je vois avec peine, dans un Mémoire in-4°. récemment publié par un homme respectable, le tribut payé aux erreurs, préjugés et sarcasmes révolutionnaires par la dénégation du dévouement des nobles, qui, joints à tant d'estimables et vaillans compatriotes du ci-devant tiers-état, se sont ensevelis sous les débris du trône, avant, pendant et depuis les nouvelles *Saint-Barthélemi*, commencées en août et septembre 1792. Ces cruels préludes et présages du 21 janvier 1793 et de toutes les horreurs qui s'ensuivirent, furent d'abord mal jugés par beaucoup de Français et d'étrangers que trompaient les fausses lumières d'un siècle corrompu, mais ils le furent très-bien par les braves qui, dans le dévergondage épidémique d'une multitude non réprimée, surent les premiers se soustraire aux chaînes, aux torches et aux poignards, pour aller chercher sur quelque terre hospitalière asile et secours contre la faction désorganisatrice, pillarde et sanguinaire qui ne tarda pas à devenir liberticide, régicide et nationicide.

94

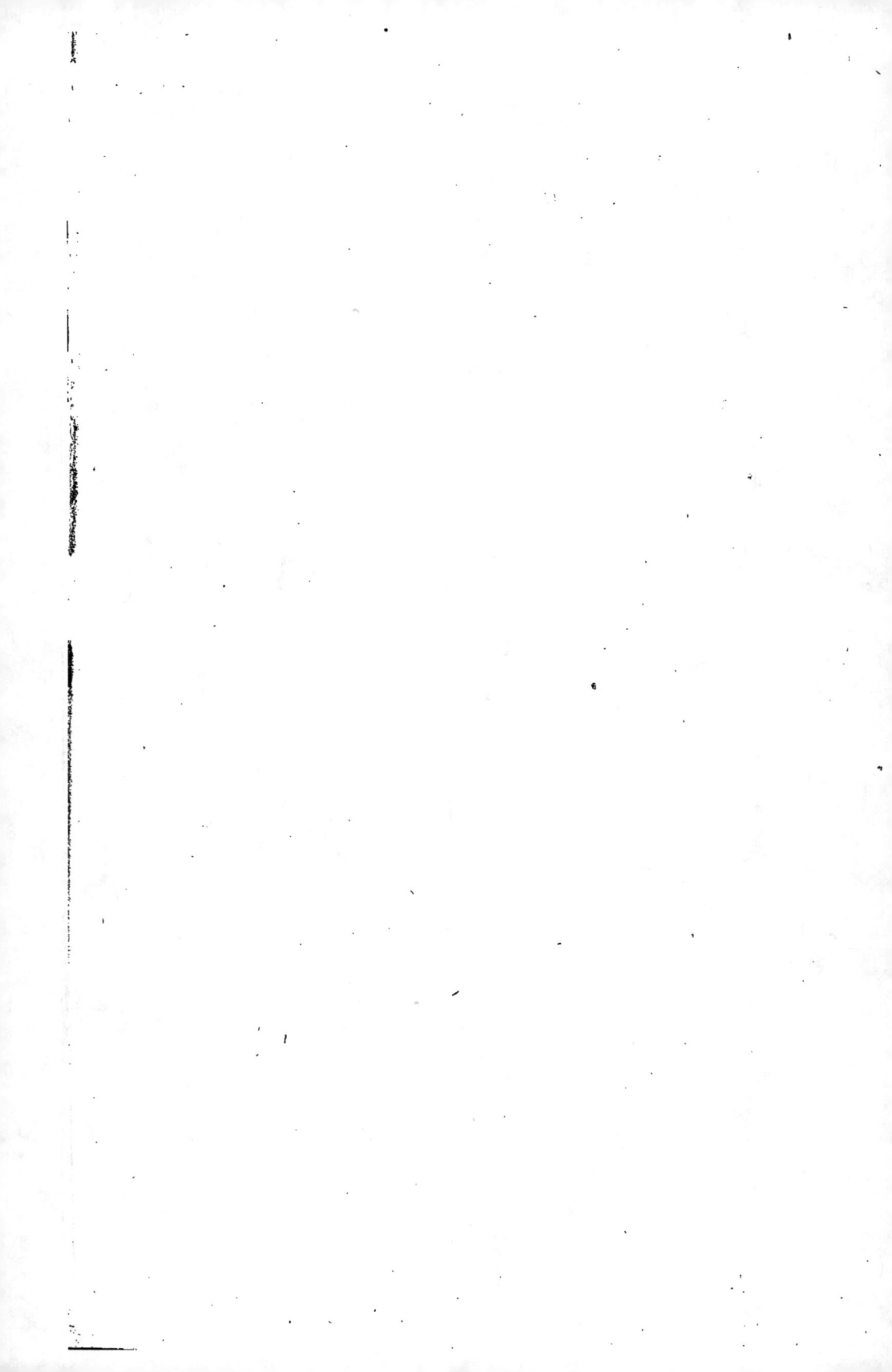

www.ingramcontent.com/pod-product-compliance
Lightning Source LLC
Chambersburg PA
CBHW060722280326
41933CB00013B/2526